Gudrun Hettinger

Kunterbuntes Frühjahr

Dekorationen aus Moosgummi

rech-Verlag
Stuttgart

Zum Thema „Basteln mit Moosgummi" sind von Gudrun Hettinger weitere erfolgreiche Titel erschienen:

Gudrun Hettinger
Bunte Weihnachtszeit mit Moosgummi
Der HIT für neue Advents- und Weihnachtsdekorationen ist MOOSGUMMI! Christbaum- und Tischschmuck, Mobiles und Weihnachtskugeln, Türschmuck und Krippenbilder und sogar Nikolausstiefel lassen sich aus diesem faszinierenden Material leicht herstellen. Die ganze Familie bastelt mit und gestaltet Tisch-Sets, Advents- und Weihnachtsdekorationen.
32 Seiten, DIN A4, großformatige Farbfotos, 2 Vorlagenbogen.
TOPP 1693 ISBN 3-7724-1693-4

Gudrun Hettinger
Farbenfrohes Kinderzimmer. Ideen aus Moosgummi
Das Kinderzimmer wird lebendig, wenn sich Zwerge und Tiere auf Mobiles, Meßlatten, Bucheinbänden, Lampenschirmen oder Kleiderbügeln tummeln. Und auch der Hampelmann aus Moosgummi macht eine gute Figur! Kinderleicht.
48 S., Farbf., Vorlagenbg.
TOPP 1673
ISBN 3-7724-1673-X

Gudrun Hettinger
Rendezvous der Osterhasen Ideen mit Moosgummi
Moosgummi spielt auch in der Saison der Osterhasen eine große Rolle. So verhilft es z. B. den lustigen Langohren zum Fliegen. Ob in der Glaskugel, als Stecker oder als Wandbild: diese Hasen lassen das Osterfest zum buntesten Fest des Jahres werden.
32 S., Farbf., Vorlagenbg.
TOPP 1753
ISBN 3-7724-1753-1

Auflage: 5. 4. 3. 2. 1. | Letzte Zahlen
Jahr: 1998 97 96 95 94 | maßgebend

frech-verlag GmbH + Co. Druck KG, D-70499 Stuttgart
ISBN 3-7724-1752-3 · Best.-Nr. 1752
Druck: Frech-Verlag GmbH + Co. Druck KG, D-70499 Stuttgart

Frühlingsduft liegt in der Luft!

Die Lebensgeister erwachen wieder und damit auch die Lust zu neuen Taten.

Lassen Sie sich von den vielseitigen Ideen mit Moosgummi anstecken und zaubern Sie farbenfrohen, österlichen und frühlingshaften Schmuck für Ihr Heim:

liebevolle Tisch-, Raum- und Wanddekorationen, geschmückte Zweige, Mobiles, dekorative und originelle Gartenkugeln sowie verschiedenartige Geschenke.

Das macht Freude!

Mit Moosgummi haben Sie unendlich viele Gestaltungsmöglichkeiten.

Die bunten Farben, das weiche, elastische Material und die einfache Handhabung werden auch Sie und Ihre Kinder motivieren, gemeinsam individuellen Osterschmuck zu gestalten.

Eine frohe Osterzeit und viel Spaß und gute Einfälle wünscht Ihnen

Ihre

Material und Werkzeug:

- Moosgummi in verschiedenen Farben und Größen
- Transparent- oder Butterbrotpapier
- Dünner Karton (z.B. Tonkarton)
- Schere / Nagelschere
- Zackenschere
- Cuttermesser oder -rädchen
- Skalpell ☞ Lochzange
- Schneidezirkel
- Schneideunterlage (Hartgummiplatte bzw. Karton oder Zeitungen, Linoleum)
- Klebstoffe (UHU-Kraft, Sekunden- oder Heißkleber)
- Metall-Lineal, Geodreieck
- Bleistift
- Zauberstift (z.B. Phantom- oder Strich-Ex-Stift)
- Filz- und Stoffmalstifte
- Decor-Lack-Liner (feine Malspitze)
- Bastelfarben und Pinsel
- Plusterfarben
- Malmedium oder Klarlack

Was ist Moosgummi?

Dieses Material war bisher nur in der Auto- und Sportbekleidungsindustrie bekannt. Für die Bastelbranche wurde es jedoch erst seit kurzem in vielerlei Farben ins Leben gerufen. Es handelt sich dabei um ungiftigen E.V.A.- Schaum, der auch für Kinder unbedenklich ist. Moosgummiplatten werden in ca. 20 verschiedenen Farbtönen in den Stärken von 1-4 mm und 8 mm sowie in den Größen DIN A6 bis DIN A3 angeboten. Es gibt inzwischen nicht nur einfarbige, sondern sogar farbig gemusterte kleine Moosgummiplatten.
Moosgummi ist farbecht, lichtbeständig und wasserfest.

Ausgestanzte Moosgummi-Teile gibt es als verschiedene geometrische Formen, Schriftzeichen, Herzchen, diverse Tiere sowie als Bären in verschiedenen Größen und Farben. Sie sind eine ideale Ergänzung zu den selbstgestalteten Motiven.

Und so sind die verschiedenen Arbeitsschritte:

1. Schablone herstellen
2. Motiv übertragen
3. Ausschneiden
4. Kleben
5. Farbliche Ergänzungen vornehmen

Wie wird eine Schablone hergestellt?

Legen Sie ein Stück Transparentpapier auf die gewünschte Vorlage und zeichnen Sie mit Bleistift das gewünschte Motiv durch. Nun wird die Zeichnung grob ausgeschnitten und auf ein kartoniertes Papier (z.B. Tonkarton) aufgeklebt. Danach werden die Konturen exakt ausgeschnitten.

Zeichenerklärung der Vorlagen:

.....1. Ebene – gepunktete Linie unterstes, zuerst aufzuklebendes Teil
-.-.-.2. Ebene – Strich-Punkt-Linie
- - - -3. Ebene – gestrichelte Linie
——4. Ebene – durchgezogene Linie oberstes, zuletzt aufzuklebendes Teil.

Bei weniger als 4 Schichten entfallen die Ebenen 1 und 2, d.h. die oberste Schicht ist immer eine durchgezogene Linie, die darunterliegende eine gestrichelte. Bei mehr als 4 Ebenen gibt es zusätzlich noch durchgezogene Linien.

Und so wird das Motiv auf Moosgummi übertragen:

Die Schablone wird auf das Moosgummi aufgelegt und mit einem weichen Bleistift – besser noch mit einem „Zauberstift", z.B. Phantom- oder Strich-Ex-Stift – umrandet. Diese Stifte gibt es im Hobbyhandel für die Seidenmalerei. Die aufgezeichneten Konturen verschwinden nach einigen Tagen von selbst. Teilweise haben die Stifte auch eine Löschspitze, so daß Sie hiermit sehr leicht korrigieren können – der Strich verschwindet dann sofort. Bei dunklem Moosgummi ist ein weißer Kreidestift oder ein weißer Strich-Ex-Stift empfehlenswert.

Bei den abgebildeten Motiven habe ich überwiegend mit 2mm starkem Moosgummi gearbeitet, sofern ich keine anderen Angaben gemacht habe.

Einige Teile wurden Schnittkante an Schnittkante geklebt. Sollten Sie jedoch mit dieser Verklebung etwas Schwierigkeiten haben (dafür eignet sich nur Sekunden- oder Heißkleber!), dann schneiden Sie die Teile einfach mit einer geringen „Nahtzugabe" zu. Dies ist jedoch nur bei Stellen möglich, die übereinander geklebt werden können: bei dem kleinen Leiterwagen auf Seite 19 muß beispielsweise Kante an Kante geklebt werden.

Tip: Wenn Sie in Zusammenarbeit mit Kindern trotzdem Sekundenkleber verwenden möchten, so machen Sie doch eine Arbeitsteilung: Die Kinder schneiden aus, und Sie kleben.

Wie wird richtig ausgeschnitten?

So wichtig wie das exakte Ausschneiden der Motive ist auch die Verwendung der richtigen Schneidewerkzeuge. Benutzen Sie eine gutschneidende, spitze, mittelgroße **Schere,** für die Rundungen und Wölbungen eine **Nagelschere**. Moosgummi sollte möglichst ohne abzusetzen zugeschnitten werden, da sonst leicht Zacken und ungleichmäßige Rundungen entstehen können. Winkel und feine Ecken sowie gerade Linien schneidet man am besten mit einem **Cuttermesser**, **Cutterrädchen** oder einem **Skalpell**. Damit muß auf einer Schnei-

deunterlage (Hartgummi bzw. Karton) geschnitten werden. Stumpfe Klingen werden beim Cuttermesser abgebrochen, beim Skalpell ausgetauscht. Gerade Linien erzielen Sie, wenn Sie Ihr Schneidewerkzeug mit etwas Druck steil angesetzt am Metall-Lineal entlangführen. Mit einem **Schneidezirkel** können Sie mühelos runde Scheiben in verschiedenen Größen ausschneiden. Am besten gelingt dies bei 2 mm starkem Moosgummi. Bei stärkerem Moosgummi ist es ratsam, nicht mit dem ersten Schnitt ganz durchzuschneiden, sondern mit leichtem Druck den Zirkel zwei- bis dreimal auf derselben Stelle zu drehen. So erhalten Sie einen schönen glatten Rand. Eine weitere wertvolle Hilfe ist die **Zackenschere**. Sie erzielen damit einen gleichmäßig gezackten Kantenabschluß. Mit einer **Lochzange** entstehen Punkte in verschiedenen Größen. Wenn Sie gleich mehrere Moosgummiteile aufeinanderlegen (Resteverwertung), können Sie sich einen sehr nützlichen Vorrat zulegen.

Und was muß beim Kleben beachtet werden?

Ordnen Sie probehalber zuerst alle ausgeschnittenen Teile an, wenn nötig mit Hilfe des Vorlagenbogens. Grundsätzlich eignet sich für alle Moosgummiverklebungen UHU-Kraft sehr gut. Dieser Klebstoff ist auch für Kinder einfach zu handhaben. Besonders gute und schnelle Verklebungen erzielen Sie mit **Sekundenkleber** oder mit **Heißkleber**. Empfehlenswert sind diese Klebstoffe bei Schnittkantenverklebungen. Sekundenkleber und Heißkleber dürfen aber auf keinen Fall in Kinderhände gelangen!

Welche Möglichkeiten der farblichen Gestaltung gibt es?

Grundsätzlich habe ich alle Konturen der ausgeschnittenen Teile mit **Filz- oder Stoffmalstiften** umrandet. Die Formen heben sich dadurch effektvoller voneinander ab und wirken plastischer. Auch verschiedenartige Muster lassen sich sehr gut mit diesen Stiften aufzeichnen, jedoch nur auf hellem Untergrund. Mit **Decor-Lack-Liner** (Tube mit feiner Malspitze) dagegen kann auch auf dunklem Untergrund eine wirkungsvolle Ergänzung erzielt werden. Mit **Bastelfarben** und Pinsel können Sie auch auf Moosgummi malen.
Plusterfarben sind die ideale Ergänzung. *Hier muß jedoch unbedingt beachtet werden, daß vor dem Farbauftrag die entsprechenden Stellen mit Malmedium (Efco-Produkt) oder Klarlack grundiert werden müssen*, da sich sonst der Plusterauftrag später ablösen könnte. Sollte dies dennoch passieren, kleben Sie diese Stellen einfach wieder fest.
Plusterfarben dürfen nicht zu dick aufgetragen werden, da sie sonst nicht richtig durchtrocknen können. Wenn Sie einen besonders starken Plustereffekt erzielen möchten, so ist es sinnvoll, den Auftrag nach dem Abtrocknen der ersten Schicht nochmals zu wiederholen.

„Geplustert“ wird mit einem heißen Fön, am besten erst nach völligem oder teilweisem Trocknen der Plusterfarbe. Lassen Sie den Auftrag einige Stunden oder über Nacht trocknen. Wenn Sie zu früh fönen, gibt es nicht die schönen feinen „Plusterkörner“, sondern die geplusterte Fläche sieht etwas „rissig“ aus, und das Material löst sich leichter vom Untergrund.

Beim Fönen der Plusterfarben mit dem Fön nicht zu nah herangehen und gut lüften.
Für die Wiesen habe ich in das flächig aufgetragene Grün viele bunte Punkte gesetzt. Sie können ohne weiteres bereits auf den feuchten Untergrund getropft werden, da die Farben nicht ineinander fließen.

Tip:
Sehr wirkungsvoll bei den Tieren sind die aufgeklebten **Wackelaugen**, die es in verschiedenen Größen gibt.

Ratet mal, was wir versteckt haben!

(Abbildung Seite 7)
Ein hübsches Ostergeschenk und gleichzeitig eine originelle Tischdekoration, die sich mit den Vorschlägen auf den nachfolgenden Seiten sehr gut kombinieren und ergänzen läßt. Die **Ente** und die **Henne** werden auf die gleiche Art hergestellt. Zuerst werden Körper und Kopf in einem Stück zugeschnitten, und zwar doppelt und gegengleich. Die **Henne** wird mit Flügel, Kopf- und Augenteilen, Wackelauge und Schnabel ergänzt. Beim **Entchen** werden nur Flügel, Schnabel und Wakkelauge aufgeklebt. Die beiden Körperteile werden nun mit einem 4 cm breiten und ca. 32 cm (Ente) bzw. 28 cm langen (Henne) Streifen verbunden. Dieser wird kantig zwischen die beiden Teile geklebt (Sekundenkleber). Das **Häschen** entsteht ähnlich, auch aus zwei gegengleichen Teilen. Auf den Körper werden der Kopf mit Schnauzenteil, das Auge, das rosa Innenohr, die Beine sowie das Schwänzchen aufgeklebt. Hier wird zwischen die beiden Teile eine ovale Klarsichtdose (10 x 7 cm) geklebt. Die Umrandung der Konturen nicht vergessen. Jetzt fehlt bloß noch die Füllung!

Rund um den Tisch – österliche Motive zaubern Stimmung!

(Abbildungen Seiten 9, 10, 11)
Drei **verschiedene Sets - Ente, Huhn und Hase** – geben sich ein Stelldichein. Diese Sets werden alle aus 3 mm starkem Moosgummi zugeschnitten. Wenn Sie geschickt sind und viel Geduld haben, können Sie die Teile wie Flügel, Kopfteil und Schnabel bei Henne und Ente sowie beim Hasen Kopf, Ohren und Beine exakt aus der Grundplatte ausschneiden und dann die andersfarbigen Teile einpassen. So erzielen Sie eine glatte Oberfläche. Das Set mit der Henne habe ich so gearbeitet – auf die anderen beiden Sets habe ich Teile aus 1 mm starkem Moosgummi aufgeklebt. Moosgummi ist grundsätzlich abwaschbar. Möchten Sie diesen Sets jedoch noch einen zusätzlichen Schutz geben, so besprühen Sie sie zwei- bis dreimal dünn mit Klarlack – nun kann nichts mehr passieren. Machen Sie auf jeden Fall eine Lackprobe auf einem Reststück, damit Sie absolut sicher sind, daß sich das Moosgummi mit dem verwendeten Klarlack verträgt. Wenn Sie nun das fertige Set auch noch auf eine farblich passende Moosgummiplatte (Originalgröße der Platten 30 cm x 45 cm) legen, ist die Wirkung noch effektvoller. Alle Tiere bekommen große Wackelaugen. Die Henne wird teilweise mit Decorlack-Liner umrandet – die anderen beiden Sets mit Stoffmalstiften. Eine hübsche Ergänzug sind die passenden **Serviettenhalter**. Um der Serviette Halt zu geben, wurden bei Ente und Huhn die Flügel ausgeschnitten, das Häschen bekam einen ovalen Ausschnitt (schraffierte Felder). Natürlich dürfen **Tischkarten** nicht fehlen! Hier verwenden wir dieselben Motive, die Form des Häschens ist kleiner. Die Grasstreifen schneiden wir doppelt zu und kleben das Motiv am oberen Rand dazwischen. Nach unten bleiben die Streifen offen, die man etwas auseinander drückt (guter Stand). Für die Namen fertige Buchstaben aufkleben.

GABY

VIOLA

OMA

Hühnerkonferenz: Bald ist Ostern! **(S. 12/13)**

Hahn im Korb müßte man sein! Hier spazieren die Hühner sogar über den Tisch. Diese kunterbunte Hühnerschar findet entweder auf einem grünen Satintischband (11 cm breit) oder auf einem Grasstreifen aus Moosgummi Platz. Aber auch als Kerzenschmuck sind sie eine ausgefallene Tischdekoration. Die Hühnermotive können beliebig auch für andere Bastelarbeiten verwendet werden, z.B. für Tischkarten, Serviettenringe, Osterkarten, Mobiles usw. In der Gestaltung sind die **Hühner** sehr einfach: Auf den Körpern werden jeweils Kopfteil mit Schnabel und Wackelauge sowie die Flügel plaziert. Ein Fuß wird jeweils Kante an Kante, der andere überlappend angeklebt. Die Konturen werden mit schwarzem Stoffmalstift nachgezogen bzw. eingezeichnet. Der **Hahn** nimmt in der Mitte Platz. Auf den Körper wird der Flügel, darauf das blaue Federteil, dann das rote Kopfteil mit Schnabel und das Wackelauge geklebt. Für die Schwanzfedern werden rote und blaue Streifenteile zugeschnitten, die dann auf dem gelben Grund angeordnet werden. Schneiden Sie die Streifen nicht zu dicht, so daß jeweils das darunterliegende Teil noch sichtbar ist. Die **Grasstreifen** entstehen aus 4 mm starkem Moosgummi. Sie haben alle Einschnitte, so daß sie kreuzweise ineinandergesteckt werden können. Vorher werden sie jedoch noch mit Plusterfarbe bearbeitet. Für die **Kerzendekoration** wird der Grasstreifen dem Umfang der Kerze angepaßt. Die Nahtstelle seitlich anbringen, denn hier werden jeweils die beiden 9 cm langen Streifen für die Plazierung der Hühner kantig angeklebt. Bei den stehenden Hühnern müssen, wenn sie von beiden Seiten sichtbar sind, die Kopfteile und

Flügel gegengleich zusätzlich für die Rückseite zugeschnitten werden. Als Abschluß des Tischbands habe ich in der gleichen Breite ein Grasteil (2 cm) aufgeklebt. Wenn Sie hier noch ein Motiv aufkleben, fällt das Band schöner.

Osterlämmer zieren den Tisch

(Abbildung Seiten 14 und 16)

Ob auf einem Tischband, einer Serviettentasche oder in einer Blumenschale, diese Lämmchen sorgen für Osterstimmung und sind der optische Mittelpunkt auf jedem Ostertisch.

Das **Satin-Tischband** ist 11 cm breit. Hier können die Lämmchen sich nach Belieben tummeln. Wenn Sie an den Abschluß des Bandes ebenfalls ein Lämmchen und einen grünen Grasstreifen aus Moosgummi kleben, fällt das Band schöner. Die zwischengeklebten Blumen bringen noch etwas Farbe ins Bild.

Für die **aufgestellten Lämmchen** werden zwei Grasteile zugeschnitten (4 mm), und zwar ein höheres, wo sich die Lämmchen anlehnen können, und ein kürzeres und niedrigeres, das als Stütze dient.

Die Teile wurden vor dem Zusammenstecken mit Plusterfarbe verziert.

Eine hübsche persönliche Ergänzung für den Ostertisch sind **Serviettentaschen**. Sie entstehen aus einem Stück Moosgummi, 1 mm oder 2 mm stark, in der Größe von 30 cm x 23 cm. Die fertige Tasche ist 10 cm x 23 cm. Es wird also ein Drittel eingeschlagen und am Rand knapp festgeklebt. Das andere Drittel wird darübergeschlagen. Damit der Überschlag gut aufliegt, habe ich einen Klettverschluß dazwischengeklebt.

Der Abschlußrand wurde einmal mit einer Zackenschere und das andere Mal mit einem Skalpell zackig geschnitten.
Fertige Buchstaben aufkleben, Lämmchen und Blumenmotive von der Tischdekoration wiederholen. So paßt alles harmonisch zusammen.

Blumenschale mit Lämmchen

(Abbildung Seite 17)

Für diese Lämmchen wurden die Körper jeweils doppelt und gegengleich zugeschnitten.

Das Gesicht und die Beine wurden wie auch der Draht dazwischengeklebt. Auf den Draht (1,2 mm) wurden Holzperlen oder Moosgummiwürfel im Wechsel mit Holzperlen aufgereiht.

Zwei Schäfchen weiden auf einer Moosgummi-Scheibe, auf der Islandmoos befestigt wurde.

Für die bunten Blumen klebt man kleine Punkte aus Moosgummi (Lochzange) auf.

Der Durchmesser der Moosgummischeiben beträgt für das angedrahtete Lämmchen 7 cm, für die Tischdekoration 9 cm.

Ostern – kein Problem!

(Abbildung Seite 19)
Dem cleveren Langohr gehen die Eier nicht aus, denn es nimmt die Henne Berta mit auf Reisen!

Die **Grundplatten** sind aus 4 mm starkem Moosgummi zugeschnitten und aufeinandergeklebt. Ein kantig aufgeklebter Grastreifen (4 mm) stützt unseren Hasen. Die grüne Fläche wird teilweise mit Plusterfarben verziert.

Für den **Leiterwagen** werden sämtliche Teile kantig zusammengeklebt.

Die **Henne Berta** wird aus einem Stück zugeschnitten, und zwar doppelt und gegengleich, und mit Flügel, Kamm, Schnabel und Augen ergänzt.
Das Kopftuch wird ebenfalls doppelt zugeschnitten, aber als ganzes Stück, so daß es richtig um den Hals gelegt werden kann (beim Schneidern „Stoffbruch" genannt).

Für **Meister Langohr** müssen die Kleidungsstücke ebenfalls doppelt zugeschnitten werden, außerdem die Beine zur Stabilisierung. Am besten kleben Sie den Grasstreifen zwischen die Beine.
Das Schnauzenteil wird zuerst fertiggeklebt und dann als gesamtes Element angeordnet. Mit Wackelaugen und rosa Innenohr das Gesicht noch ergänzen.
Die kleinen Herzchen sind Fertigteile. Auf die Hose habe ich mit Filzstift breite Streifen aufgemalt. Den Schwanz nicht vergessen!

In den Korb passen beliebig viele Eier.

Die Gänseschar am Gartentor

(Abbildung Seite 20)
Gänse sind immer ein beliebtes Motiv. Sie können unser Heim das ganze Jahr schmücken – aber zum Frühling und zu Ostern passen sie besonders gut.

Die **Gänse** sind sehr einfach herzustellen:
Auf dem Körper mit Kopf plazieren Sie Flügel, Schnabel, Wackelaugen und Schleife. Die Füße werden teils kantig, teils auf den Körper geklebt. Die kleinen Herzchen sind Fertigteile.

Bei der **angedrahteten Gans** wurde der Steckdraht (1,2 mm) mit Herzchen verziert. Die **Gans auf der Grasplatte** wurde doppelt und gegengleich gearbeitet, die Füße wurden zwischen die beiden Hälften geklebt, unten auseinandergedrückt und auf der Bodenplatte befestigt. Die Beschreibung der **Blume** finden Sie auf Seite 26.

Das **Gartentor** ist ein fertiges Element aus Holz, das im Hobbyhandel erhältlich ist. Sie können es jedoch aus 4 mm starkem Moosgummi selbst herstellen (s. Vorlagenbogen).

Die Gänseschar am Gartentor kann sowohl als Wandschmuck als auch als stehende Dekoration verwendet werden. Bei letzterem Vorschlag muß dann noch eine Grasplatte (siehe oben „Meister Langohr") gestaltet werden.

Als Stütze werden ein höherer Grasstreifen hinter dem Tor und ein niedriger vor dem Tor kantig aufgeklebt.

Küken und Entchen

(Abbildung Seite 21)
Ein liebenswerter Schmuck für jede **Blumenschale**!

Es muß nicht immer eine ganze Küken- und Entenversammlung sein, oft ist ja auch ein einzelnes Motiv ein besonderer Blickfang.

Die Entchen und Küken sind in der Gestaltung sehr einfach. Auf den Körper werden Flügel, Schnabel, Auge und Schleifchen mit Punkt aufgeklebt. Die Füße werden teils kantig, teils auf den Körper geklebt.

Wenn die Dekoration von beiden Seiten zu sehen ist, müssen die Tiere doppelt gearbeitet werden.

Der Draht (1,2 mm) wird dann dazwischengeklebt.

Die Steckdrähte werden noch mit Blumen aus Moosgummi verziert. Bei den Blüten wird das untere Blütenteil hinter den Draht geklebt, die anderen Teile davor. Bei der Tulpe wird das grüne Teil nochmals hinten dagegengeklebt (Strich-Punkt-Linie).

Bunte Entchenspielwiese

(Abbildung Seite 22)
Im **Weidenkranz** dekoriert – ein ausgefallener Frühjahrsschmuck!

Die **Entchen** entstehen wie die Küken. Als Basis werden zwei **Grasplatten** in unterschiedlichen Grüntönen hinter den Weidenkranz geklebt.

Die bunten **Blümchen** entstehen mit Hilfe einer Zackenschere.

Auf der Häschenwiese ist etwas los!

Häschen groß und klein
stellen sich hier ein.

Diese Blumenschale ist ein Blickfang auf jedem Tisch!

Für die **Häschen** werden Körper mit Kopf und Ohren sowie mit Beinen zugeschnitten. Damit die Beine etwas plastischer wirken, werden sie zum Teil doppelt ausgeschnitten und aufgeklebt.

Weitere Ergänzungen sind Augen, Schnauze, Schleife oder Blümchen, Schwänzchen und auch mal ein Körbchen mit Eiern.

Auf die Blumenschale werden außer den Häschen noch ein Grasrand und links und rechts ein paar Stiefmütterchen aufgeklebt. Für die größeren Häschen wird ein Steckdraht (1,2 mm) hinten oder bei doppelter Verarbeitung dazwischen angeklebt.
Als Farbtupfer werden auf die Drähte Herzen und Tulpen aufgeklebt.

Schmetterlinge im Blütenzauber

(Abbildung Seiten 24 und 25)

Was wäre das Frühjahr ohne bunte Blumen und ohne die vielen zauberhaften **Schmetterlinge**?

Mit Moosgummi können wir diese Pracht in unser Heim zaubern. Die bunten Schmetterlinge werden auf einem dekorativen Zweig, angedrahtet in einer Blumenschale, auf einem Geschenk oder auf einem schön gedeckten Tisch mit Sicherheit viel Bewunderung hervorrufen. Sie sind nicht so schwierig herzustellen, wie es vielleicht auf den ersten Blick scheinen mag. Es gibt zwei Techniken: Bei der ersten Technik wird die Form des Schmetterlings aus 3 Teilen (2 Flügel und Körper) ausgeschnitten und geklebt. Die verschiedenen Farben und Zeichnungen werden mit Bastelfarben und mit Stoffmalstiften aufgemalt. Die andere Technik ist etwas aufwendiger. Hier werden verschiedenfarbige Moosgummiteile ausgeschnitten und auf die Grundform aufgeklebt. Mit Stoffmalstiften werden die Zeichnungen ergänzt. Aus einem 0,8mm-Steckdraht wird eine ovale Schlaufe mit zwei Enden für die Fühler gebogen (s. Zeichnungen auf dem Vorlagenbogen). Diese Schlaufe hat auch noch den Vorteil, daß sie den Schmetterling zusammenhält.

Blüten zur Dekoration

Und so entstehen die Blüten:

1. Ein Rechteck (Stärke 1 mm), Größe 3,5 cm x 7 cm, wird zur Hälfte zusammengelegt und an dem unteren Rand knapp zusammengeklebt.
2. Nun nehmen Sie enge Einschnitte im Abstand von ca. 0,5 cm vor.
3. Rollen Sie den Streifen dicht auf, die untere Kante wird mit etwas Klebstoff versehen.
4. Die fertige Blüte wird auf eine Blattrosette geklebt und dann etwas auseinandergedrückt. Wenn Sie die Schlingen der Blüte aufschneiden, erhalten Sie eine andere Variante.
5. Die **Blattrosette** entsteht aus einer Scheibe mit einem Durchmesser von ca. 4 cm. Entweder schneiden Sie den Rand mit einer Zackenschere ab, oder Sie erzielen unregelmäßige Spitzen durch Einschnitte mit dem Skalpell.

Gefüllte Eier

Durchsichtige Ostereier mit Innenleben – **eine zauberhafte Dekoration!**

Sie können das „Innenleben" auch als Anhänger (s. S. 1) oder als Mobile verwenden – besonders originell ist es aber, wenn es von der Hülle umgeben ist. Es wurden Plastikeier zum Öffnen (10 cm x 6,5 cm) verwendet. Das Besondere daran ist jedoch, daß es hier Steckvorrichtungen gibt, die auf der einen Seite auf die „Aufhängung" des Eies und auf der anderen Seite auf ein Rundholz gesteckt werden können. Sollte der Stab nicht genau dazu passen, so kann man mit etwas Blumensteckmasse den Spielraum „auskitten".

Schmücken Sie den „Fuß" des Eies noch mit Schleifen und mit einer Moosgummiblume.

Und nun zu den Motiven:

Die Grundplatte entspricht genau der Größe des halbierten Eies. Die bunte Wiese wird mit Plusterfarben gestaltet.
Bei den **Entchen** werden nur Flügel, Schnäbelchen und die Beine auf- bzw. angeklebt.
Der Hase **mit Rübe** besteht bis auf den aufliegenden Arm aus einem Stück. Hierauf werden das rosa Innenohr, die Augen und das Schnauzenteil sowie das Bäuchlein, die Karotte und zuletzt der obenaufliegende Arm geklebt. Bei dem **Häschen mit dem Ei** wird der Kopf seperat zugeschnitten. Die Arme werden auf das Hemdchen und auf das Ei geklebt.

Die Schleife nicht vergessen. Alle Teile werden mit einem Abstand von ca. 3-5 mm auf die Grundplatten aufgeklebt (Abstandshalter = Moosgummireste). Nun wird die Platte im Ei befestigt. Wenn sie genau zugeschnitten ist, hält sie ohne Kleber.

Spieglein, Spieglein an der Wand – wer ist der Schönste...

Ein äußerst dekorativer Osterschmuck, der im Eingangsbereich oder im Garten eine österliche Atmosphäre zaubert.

Basiselement ist eine teilbare Plastikkugel (ø16 cm), die mit zerknüllter Regenbogenfolie gefüllt wurde. Auch hier wurde wie bei den Ostereiern (s. Beschreibung Seite 27) ein verbindendes Steckteil (Adapter) auf der Aufhängung der Kugel angebracht. So kann der Hahn bzw. die Henne später auf einen Rundholzstab gesteckt werden.

Und so wird´s gemacht:

1. Schneiden Sie sämtliche Einzelteile zu – Kopf-, Augen- und Hinterteil sowie den Schnabel zweimal, und zwar gegengleich.
2. Kleben Sie das Teil für die Spitztüte zusammen. Die angeschnittene Lasche muß verdeckt werden. Der obere Teil wird Kante an Kante geklebt.
3. Fertigen Sie das rote Kopfteil an: Orangefarbenes Augenteil befestigen und beide Teile knapp am Rand zusammenkleben. Schnabel zusammenkleben und anpassen.

4. Nun wird das Kopfteil auf die Spitztüte geschoben und mit ein paar Klebepunkten fixiert. Achten Sie darauf, daß die vordere Naht der Spitztüte und die untere Naht des Kopfteils eine Linie bilden. Nun wird das gesamte Teil auf der Kugel befestigt. Die vordere Naht schließt an die Naht der Kugel an.
5. Bei der **Henne** wird das Hinterteil einfach an den Rändern knapp zusammengeklebt und dann ebenfalls auf der Kugel befestigt. Hier überlappen sich das Vorder- und Hinterteil ein wenig. Die untere Naht stimmt wieder mit der Naht der Kugel überein.

Beim **Hahn** werden vor dem Festkleben noch Federn zwischen die beiden hinteren Teile geklebt. Diese Federn entstehen aus drei Kreisen.
In diese werden im Abstand von 0,5 cm Einschnitte gemacht (Schneidezirkel); die jedoch nicht ganz bis zum Ende des Kreises durchgeschnitten werden. Zum Schluß wird ein schmaler Keil (s. Zeichnung schraffierter Teil) herausgeschnitten, so daß die „Federn" auf einer Seite einen Halt haben, auf der anderen Seite lose sind.
Abschließend werden die Enden spitz eingeschnitten.

Nun wird der fertige Hahn bzw. die Henne auf einem Rundstab befestigt.

Zum besseren Halt wird Blumensteckmasse in das Verbindungsstück gedrückt.

Mit diesen beiden Mobiles hält der Frühling Einzug in Ihr Heim!

(Abbildungen Seiten 31 und 32)
Diese Vögelchen und Eier sind auch für kleinere Kinder sehr einfach nachzuarbeiten. Alle Motive entstehen aus zwei Elementen, die jeweils ineinandergesteckt werden. Die Breite der Schlitze muß der Stärke des Moosgummis angepaßt werden. Es ist wichtig, daß die Teile gut sitzen. Ein paar Tropfen Klebstoff sind aber trotzdem ratsam.
Probieren Sie jedoch vorher, ob alles genau paßt.

Bei der farblichen Gestaltung der Ostereier werden Ihre Kinder sicher sehr viel Fantasie entwickeln: sie können sie nach Herzenslust bemalen oder auch bekleben.

Die **Flügel der Vögel** werden mit Plusterfarbe umrandet oder teilweise auch ganz ausgemalt.
Es geht einfacher, wenn Sie die farbliche Gestaltung vor dem Zusammenstekken vornehmen.
Das Eiermobile wird noch mit Schleifen aus dünnem Satinband geschmückt.

Montage des Mobiles

Sämtliche Motive werden an Fäden befestigt und dann an einem Rundholz (Vogelmobile 48 cm lang – Eiermobile 30 cm lang) aufgehängt. Zur Aufhängung des Rundholzes werden seitlich zwei Fäden verknotet und oben zusammengeführt.